AF253626

LA
SITUATION
FINANCIÈRE

PARIS

IMPRIMERIE DE L. TINTERLIN ET Cᵉ

3, RUE NEUVE-DES-BONS-ENFANTS.

LA
SITUATION
FINANCIÈRE
EN 1863

PAR M. CASIMIR PERIER

PARIS

E. DENTU, LIBRAIRE-ÉDITEUR

PALAIS ROYAL, 13 ET 17, GALERIE D'ORLÉANS.

1863

LA

SITUATION FINANCIÈRE

EN 1863

I

Le rapport adressé par M. le Ministre des finances à l'Empereur, le 27 décembre dernier, et reproduit textuellement dans l'exposé de la situation de l'Empire, n'a pu surprendre que ceux qui avaient fondé de trop hautes espérances sur l'application du système inauguré par le Mémoire du 12 novembre et consacré par le sénatus-consulte du 31 décembre 1861. Ce rapport a confirmé les craintes de ceux qui savaient, qu'à défaut de réformes plus radicales, un changement notable dans la politique pourrait seul exercer sur nos finances une influence salutaire. Ceux-là, lors de la rentrée de M. Fould aux affaires, tout en rendant justice à ses intentions, doutèrent que son pouvoir dût s'étendre jusqu'à déterminer un changement de cette importance. L'événement leur a donné raison. Ce dont ils s'étonneront peut-être, c'est que M. le Ministre se soit exposé à une apparente contradiction dans ses efforts pour pallier un échec dont les vraies causes, s'il les avait discernées avec la même justesse et signalées avec la même franchise qu'en 1861, lui auraient permis jusqu'à un certain point de décliner la responsabilité.

« Le véritable danger pour nos finances, disait-il alors, est
« dans la liberté qu'a le gouvernement de décréter des dépenses
« sans le contrôle du pouvoir législatif... La Constitution a ré-
« servé le droit de voter l'impôt au Corps Législatif ; mais ce droit
« serait presque illusoire si les choses demeuraient dans la situa-
« tion actuelle, car qu'est-ce qu'un contrôle qui s'exerce sur
« une dépense dix-huit mois après qu'elle est faite et qui peut-il
« atteindre, si ce n'est le chef de l'État, puisque les ministres
« ne sont responsables qu'envers lui seul (1) ? »

Ce juste et ferme langage nous avait mal préparés à entendre
celui du dernier rapport. On dirait même que le Mémoire avait
pris soin de repousser à l'avance les excuses invoquées aujour-
d'hui, — la guerre et l'imprévu :

« *Les circonstances les plus graves et les plus inattendues*
« peuvent trouver des ressources dans notre vaste budget et
« donner les moyens d'attendre la réunion du Corps Législatif....
« Une guerre devient nécessaire, le gouvernement peut concen-
« trer sur un seul service les forces actives des ministères de la
« guerre et de la marine, dont les ressources ne s'élèvent pas à
« moins de 5 à 600 millions par an ; au reste, dans des circons-
« tances semblables, l'Empereur s'empresserait de s'entourer du
« Corps Législatif et il pourrait compter sur son concours, d'au-
« tant plus absolu, que la circonstance serait plus pres-
« sante (2). »

Un an s'est écoulé et le langage est très-différent. L'imprévu
et la guerre ont dérangé tous les calculs ; des dépenses considérables ont été faites en dehors des règles anciennes et nouvelles
sans qu'on ait jugé nécessaire de convoquer le Corps Législatif.
Les virements de crédits n'ont pas suffi à couvrir les dépenses
imprévues de l'expédition du Mexique, et M. le Ministre estime

---

(1) Mémoire à l'Empereur, du 12 novembre 1861.
(2) Mémoire à l'Empereur, 12 novembre 186·

qu'aux 50 millions votés par le Corps Législatif il faudra ajouter 24 millions pour dépenses afférentes à l'exercice 1862.
Les sommes ainsi dépensées en dehors des prévisions et des lois
de finances devront, d'après le rapport, faire l'objet d'une demande de crédits extraordinaires, quoique le sénatus-cons
du 21 décembre ait statué, qu'à l'avenir, tout crédit de ce genr
exigerait impérieusement la sanction préalable du Corps Législatif.

M. le Ministre n'essaie de se justifier qu'en opposant aux engagements qu'il avait pris les doutes exprimés par les rappor-
teurs du conseil d'État et du Sénat qui, moins confiants que lui
et moins convaincus, « s'accordaient tous deux à mettre au
« nombre des éventualités impossibles à prévoir, un fléau sou-
« dain ou les événements du dehors qui exigeraient le dévelop-
« pement immédiat de nos forces militaires ou navales. » Or,
aucun fléau soudain n'est venu nous frapper, et M. le Ministre
se félicite, au contraire, « malgré beaucoup de circonstances
« défavorables, de la progression des recettes due au maintien
« de l'ordre et du calme intérieur dont nous jouissons. »

Quant aux événements du dehors, qu'est-il donc survenu
d'octobre à décembre 1862 qui ait si profondément changé les
prévisions beaucoup plus rassurantes consignées dans le rapport
du 6 octobre? A cette époque si rapprochée, un exposé détaillé de la situation faisait ressortir, pour le règlement définitif
du budget de 1862, un excédant probable de 16 millions dans
les ressources. Ni à l'intérieur, ni à l'extérieur, rien ne s'est
passé depuis lors qui ne fût prévu de tous. Ce n'est pas seulement depuis octobre que le gouvernement a pu reconnaître à
quel point les dispositions du Mexique différaient de ce qu'il en
avait espéré. Ce n'est pas seulement depuis octobre qu'on a su
qu'il n'y avait au Mexique ni routes, ni ponts ; que les mouve-
ments de l'armée y seraient lents, difficiles ; que l'envoi de ren-

forts considérables assurerait seul le succès de l'expédition ;
qu'il faudrait combler sans cesse les vides faits par les maladies ;
qu'il faudrait tirer du dehors les subsistances et les moyens de
transports.

De toutes les révélations du rapport, la plus grave est peut-
être celle qui nous est faite au sujet des traites tirées sur le Trésor pour compte du ministère de la marine. Le total de ces
traites n'est pas encore connu, et, comme il arrive toujours en
pareil cas, les conjectures du public vont probablement au-
delà de la réalité. Le rapport se borne à constater que le vote du
Corps Législatif « interviendra en temps utile pour imputer leur
« acquittement sur le crédit supplémentaire qui va être demandé
« pour lui. » Il semble impossible de ne pas conclure des termes
de cette déclaration que des traites ont été fournies sans que,
contrairement à ce qui a toujours été rigoureusement exigé, aucun crédit y ait été affecté, sans qu'aucun décret ait été signé,
sans qu'aucune décision ait été prise, sur l'avis du ministre des
finances, comme l'exige le décret du 1er décembre 1861, rendu
sur sa proposition (1).

La seule excuse qu'on puisse peut-être alléguer, c'est que,
comme il n'y a eu aucune délibération à cet égard, il n'y a pas
eu lieu de prendre l'avis du ministre des finances. L'excuse serait presque une aggravation du tort. Rien ne serait plus dange-
reux que de laisser s'établir un tel précédent. Nul ne doutera

(1) Il n'est pas inutile de rappeler ici les termes et les considérants de ce décret :
« NAPOLÉON, etc., etc.

« Considérant qu'il importe essentiellement à l'ordre des finances que les charges des
budgets ne puissent être augmentées sans que notre ministre des finances ait été mis en
mesure d'apprécier et de nous faire connaître s'il existe des ressources suffisantes pour
y pourvoir,

« Avons décrété et décrétons ce qui suit :

« A l'avenir aucun décret autorisant ou ordonnant des travaux ou des mesures quel-
conques, pouvant avoir pour effet d'ajouter aux charges budgétaires, ne sera soumis à
notre signature qu'accompagné de l'avis de notre ministre des finances. »

que M. le ministre, conséquent avec lui-même, n'ait élevé, ailleurs, les protestations dont le rapport ne porte pas la trace.
Toutefois, dans l'intérêt de nos finances comme dans son propre
intérêt, il aurait bien fait de renouveler publiquement ces protestations. Qu'arriverait-il si un ministre venait à être changé
ou à mourir, et que son successeur ne voulût pas reconnaître la
validité des traites? Quelle autre garantie ont les porteurs de ces
traites que la solvabilité personnelle du ministre qui les cou-
vre de sa sanction? On répondra que l'honneur de la France
est engagé et qu'elle ne pourrait, en aucun cas, désavouer la
signature de ses agents. C'est précisément parce que cela est
vrai qu'il est plus indispensable d'observer toujours les formes
sans lesquelles la comptabilité n'a plus de règle, sans lesquelles
le contrôle devient un vain mot.

Il est certainement malheureux que la première application
du système inauguré depuis un an, pour les virements de crédit, n'ait pas mieux triomphé des critiques dont ce système avait
été l'objet ; mais ce résultat n'était pas imprévu de tous. A l'appui de mon assertion, il me sera permis de rappeler ce que j'é-
crivais il y a un an :

« On peut craindre que la faculté de virement ne remplace
« les crédits supplémentaires et extraordinaires, puisque ce
« n'est pas seulement de *l'excédant* des chapitres qu'on pourra
« changer la destination par un virement, mais bien *du disponible*,
« c'est-à-dire des fonds *non encore employés* qui seront néces-
« saires plus tard et qu'il faudra remplacer. Si les fonds pris
« sur un chapitre du budget, au moyen d'un virement, pour
« faire face à des besoins imprévus, sont indispensables aux
« services réguliers, s'il faut absolument les remplacer sous
« peine de désorganiser les services, le Corps Législatif pourra-
« t-il refuser son consentement? Un virement opéré dans ces
« conditions sera-t-il autre chose qu'un crédit déguisé et la

« prérogative parlementaire sera-t-elle plus libre qu'elle ne
« l'est aujourd'hui. » (1)

Ce que je prévoyais est exactement ce qui est arrivé. Après
avoir avoué la nécessité de faire régulariser par le Corps Législatif « que l'arrivée prochaine de l'époque habituelle de sa
« session rendait inutile de convoquer extraordinairement, »
les dépenses faites en dehors des prévisions du budget, sans
crédits d'aucune sorte, on ajoute que « 14,000,000 ont été
« obtenus par des virements sur les divers ministères, et que *la*
« *plupart* de ces virements ont été opérés au moyen d'économies
« réalisées. » *La plupart* seulement de ces virements étant le
résultat d'économies, il est d'autres virements par lesquels on
a disposé de sommes nécessaires aux services dont elles ont été
distraites et qu'il faudra leur restituer. A cet égard, comme
à l'égard des 24,000,000 dépensés sans crédits, M. le Ministre
montre une entière confiance, il exprime cette confiance dans
les mêmes termes que ses prédécesseurs ont souvent employés
avant lui :

« Le Corps Législatif, dont la session s'ouvre dans quelques
« jours, ne refusera pas sa sanction aux dépenses dont la régu-
« larisation va lui être demandée sans délai. Ce n'est pas au sein
« d'une assemblée animée de sentiments aussi patriotiques
« que... » M. le Ministre ne sera pas déçu dans ses espérances ;
et, en effet, il serait difficile de comprendre comment le Corps
Législatif pourrait répondre par un refus et sur qui retomberait
la conséquence de ce refus, puisque ceux qui demandent UN BILL
D'INDEMNITÉ (pour employer une expression consacrée, plus juste
dans le passé que dans le présent) sont complétement indépen-
dants de l'assemblée à laquelle ils s'adressent et n'ont point à répondre devant elle de leur gestion.

(1, La Réforme financière : *Revue des Deux-Mondes* du 15 février 1862.

La constitution de l'Empire, en excluant la responsabilité mi-
nistérielle, a cependant voulu laisser au contrôle du Corps Législatif des garanties, dont on peut estimer diversement l'efficacité,
mais dont il n'est douteux pour personne que le strict maintien
importe autant aux intérêts bien entendus du pouvoir qu'à ceux
du pays. C'est une ambition modeste et permise que de chercher
à concilier les droits imprescriptibles du pouvoir avec l'application sincère des principes que la constitution proclame ; et, parmi
ces principes, il n'en est pas de plus indispensables à sauve-
garder que ceux qui protégent la fortune publique. Lorsque
M. Fould proposa ses plans de réforme, je fus des premiers à
soutenir qu'il s'exposait à rester en deçà du but en le dépassant.

« Jamais, disais je en 1862, les esprits sérieux qui se sont
« occupés de finances n'ont condamné, d'une manière absolue,
« les crédits supplémentaires et extraordinaires : on ne s'est
« élevé que contre l'abus, recommandant la modération et su-
« bissant la nécessité. (1)

Les crédits supplémentaires et les crédits extraordinaires sont
dans la force des choses qu'il ne dépend de personne de changer.
Les budgets ne peuvent tout prévoir, même dans le cercle des
dépenses ordinaires, — de là les crédits supplémentaires. Un
gouvernement n'a pas le don de lire dans l'avenir, — de là les
crédits extraordinaires. — Seulement, ces crédits présentaient
une garantie que n'offrent pas les virements, en ce qu'ils devaient
être délibérés en Conseil et fixés par une ordonnance insérée au
Bulletin des lois. Les uns comme les autres devaient être soumis
le plus promptement possible à la sanction législative ; mais
jamais, jusqu'à ce jour, la convocation immédiate des Chambres
n'avait été exigée chaque fois que surgissait une nécessité impré-
vue. C'est là une condition à laquelle il sera souvent difficile au

(1) La Réforme financière : *Revue des Deux-Mondes* du 15 février 1862.

gouvernement de s'astreindre, ainsi que le démontre la première épreuve.

Quant aux traites fournies au loin, pour les expéditions d'outre-mer, il en a toujours été fait usage. Ce n'est donc pas le moyen qui est à regretter, c'est la manière dont il a été employé. Les gouvernements sous lesquels le contrôle était le mieux assuré se sont servi de ces traites; mais les sommes ainsi dépensées étaient imputées sur des crédits réguliers. Tout peut être aisément sauvegardé, grâce à ces formes tutélaires, les droits du pouvoir et les principes d'une sage administration. Il peut arriver au contraire qu'en voulant trop perfectionner et trop simplifier, on désorganise et on complique et qu'on enferme le pouvoir exécutif dans ce fâcheux dilemme : ou de rester désarmé en face de circonstances exceptionnelles, ou d'être obligé d'invoquer trop souvent l'excuse de l'imprévu. Les règles administratives, de même que les lois pénales, pour être efficaces doivent être facilement applicables, et la trop grande rigueur les rend impuissantes quand elle ne les livre pas à l'arbitraire.

Ne demandons pas aux traditions seules du gouvernement représentatif, qu'il est si fort de mode de décrier, la condamnation de semblables errements; d'ailleurs nous trouverions difficilement un précédent dans ses annales. Allons prendre cette condamnation dans les souvenirs du premier Empire. Napoléon était inflexible en matière de régularité financière. Le 15 décembre 1805, il écrivait à M. de Barbé-Marbois, alors ministre du Trésor :

« Le ministre ne peut ordonnancer que sur le crédit que je
« lui ai accordé. Je ne sais comment vous avez pu méconnaître
« ce principe et changer la destination d'aucune somme; d'ail-
« leurs le monde périrait, vous n'avez pas le droit de sortir de
« vos attributions (1). »

(1) *Correspondance de Napoléon Ier*, tome XI, p. 585.

Ce langage est rude, comme l'était souvent celui de Napoléon lorsqu'il écrivait ou parlait sous le coup d'une impression vive ; mais il est juste et vrai. Maître absolu d'un vaste Empire et ne reconnaissant guère d'autre volonté que la sienne, Napoléon savait que plus il y a absence de publicité et de contrôle exercé par les corps délibérants, plus il est indispensable qu'un ordre extrême préside à toutes les opérations financières. Il s'est quelquefois laissé entraîner à des mesures arbitraires et violentes contre ceux qu'il soupçonnait de malversations ou seulement de négligences coupables ; mais la terreur salutaire qu'inspirait son courroux et sa vigilance infatigable lui ont permis d'établir et de maintenir, jusqu'au jour de sa chute, un ordre admirable dans ses finances. Je ne conseillerais pas de chercher toujours dans les correspondances que le second Empire recueille et publie avec tant de soin, des leçons de modération et de prudence ; mais on peut y puiser, à coup sûr, de sages préceptes d'ordre et d'économie.

Les irrégularités dans le service du Trésor ayant entraîné la disgrâce de M. de Barbé-Marbois, il fut remplacé par M. Mollien, à la suite d'une sorte de conseil privé convoqué par Napoléon, et qui dura neuf heures. Cette scène, qui se passa le 27 janvier 1806, au lendemain du retour d'Austerlitz, est dramatiquement racontée dans LES MÉMOIRES D'UN MINISTRE DU TRÉSOR (1).

A peine en fonctions, M. Mollien se mit résolûment à l'œuvre pour prévenir le retour des abus ; il organisa, sur les bases du contrôle et de la solidarité les plus sévères, les rapports de la Trésorerie avec les divers départements ministériels.

« Une règle, dit-il dans ses Mémoires, restait commune entre
« le ministre du Trésor et les autres ministères, celle par la-
« quelle la loi de finances déterminait la proportion des fonds

---

(1) Tome Ier, p. 432.

« dont chaque ministère pouvait disposer successivement, par
« des ordonnances motivées, sur chaque partie de son service...
« Les fonds dont les ministres pouvaient disposer chaque mois,
« étant déterminés par un décret de distribution dans la seconde
« quinzaine du mois antérieur, le premier soin du Trésor pu-
« blic, depuis 1806, était de s'assurer : 1° si les ordonnances
« qu'ils délivraient pour chaque partie de leur service n'excé-
« daient pas les crédits qui leur étaient ouverts ; 2° si elles s'ap-
« pliquaient à des dépenses prévues et prouvées par les pièces
« produites... Pour prévenir les mécomptes ainsi que les retards
« et surtout les discussions épistolaires qui n'éclaircissent pas
« toujours bien la langue des chiffres, il avait été convenu que
« chaque mois les chefs des bureaux de comptabilité de chaque
« ministère viendraient comparer leurs différents comptes avec
« ceux du Trésor : ainsi les anciennes controverses sur la situa-
« tion des crédits n'avaient plus occasion de se renouveler...
« Tout se trouvait tellement à jour que si quelque article de
« dépense des *services courants* (qui ne pouvait conséquemment
« pas encore prendre place dans les comptes imprimés), était
« devenu l'objet d'une discussion ou d'un doute dans les comités
« du Corps Législatif, sa situation aurait pu être immédiatement
« vérifiée et constatée par le délégué le moins versé dans la
« langue des chiffres. Les ministres s'accoutumèrent à respecter
« les limites de leurs budgets, à regarder les conventions faites
« entre eux et le Trésor comme la base des traités qu'ils pou-
« vaient régulièrement faire avec les entrepreneurs de leurs
« services. Ils suivaient avec plus de soin les détails de ces ser-
« vices, mesuraient plus exactement les entreprises qu'ils pou-
« vaient former, les engagements qu'ils pouvaient prendre avec
« les fonds dont il leur était permis de disposer. Si quelqu'une
« de leurs dépenses avait été insuffisamment évaluée, ils pou-
« vaient, à l'aide de cette constante surveillance, indiquer

« d'avance la proportion du supplément qui leur serait néces-
« saire (1). »

La longueur de cette citation ne m'a pas arrêté tant elle m'a
paru à sa place. Une réflexion viendra certainement à l'esprit
de tous ceux qui la liront : si, à l'époque dont elle évoque le
souvenir, on avait voulu chercher une excuse pour se soustraire
à la règle, on aurait facilement trouvé cette excuse dans la gran-
deur des entreprises et dans l'imprévu qui ne faisait certes pas
défaut.

Je crois juste de dire, à la décharge de M. le Ministre actuel
des finances, qu'il ne lui serait peut-être pas aisé d'appliquer les
règles et d'exercer LA CONSTANTE SURVEILLANCE qu'imposait à tous
la volonté de fer de Napoléon. Je crois juste de reconnaître qu'il
passe pour avoir voulu faire revivre ces règles lorsqu'il fut
chargé de mettre à exécution ses plans de réformes. On doit
regretter qu'il n'ait pas insisté davantage sur une application
dont il avait reconnu et proclamé la nécessité. Nous sommes
dans une époque de transition. « Il reste beaucoup à faire pour
perfectionner nos institutions (2) » et, tout en réservant l'ini-
tiative des changements soit au souverain soit au Sénat qui
partage avec lui cette prérogative, il est naturel de penser et
il est permis de dire que les rapports des ministres entre eux
et les rapports des ministres avec les Chambres sont les points
les plus importants à bien fixer. Les hommes que la confiance
du souverain place à la tête de l'administration n'étant plus à
la tête du gouvernement, ne peuvent pas, à la fois, conserver
tous les droits, tout le pouvoir des ministres d'une monarchie
représentative et être affranchis de leurs entraves, dispensés
de leurs obligations. Si les dépositaires du pouvoir, lorsque la
loi constitutionnelle du pays les soumet à rendre compte aux

(1) *Mémoires d'un ministre du Trésor*, tome II, p. 111 et suivantes.
(2) Discours d'ouverture de la session.

Chambres de leur gestion, peuvent, sans danger, être investis d'une grande autorité et jouir d'une certaine liberté d'action, ceux qui ne sont que les instruments d'une volonté suprême et qui ne relèvent que d'elle seule, doivent apporter à tous leurs actes une extrême circonspection, car ce ne sont point eux que leurs fautes compromettent. Par suite d'une confusion fâcheuse entre des temps si dissemblables, les esprits flottent dans une sorte d'incertitude et, les mêmes noms ne s'appliquant plus aux mêmes choses, les garanties promises au pays ne sont pas toujours aussi efficaces que l'intérêt du gouvernement le demande et que son langage en montre le désir.

Je me reprocherais de ne pas placer à la suite de ces réflexions une observation que j'ai rencontrée deux fois dans le rapport de M. le Ministre. Il fait remarquer que le budget de 1862 avait été voté avant la mise à exécution du sénatus-consulte de 1861, que ce budget avait à supporter des charges antérieures, et que cette première année ne peut être considérée que comme une époque de transition. J'ignore si cette remarque a été faite à titre d'excuse, et si, dans ce cas, d'autres que moi lui accorderaient la valeur que je ne lui reconnais pas. M. le Ministre semble, d'ailleurs, n'y avoir pas attaché lui-même une grande importance ni l'avoir jugée bien nécessaire, puisqu'il affirme « que l'année 1862 aura mis à l'épreuve la plus rigou- « reuse et la plus décisive les nouvelles règles financières éta- « blies par le sénatus-consulte du 21 décembre 1861. » Quoique cette déclaration puisse sembler trop absolue en présence des faits que le rapport même constate, nul ne pourrait prêter gra- tuitement à M. le Ministre l'intention de soutenir, tantôt que toutes les règles ont été observées rigoureusement, tantôt que des circonstances exceptionnelles ont autorisé à s'en écarter. Je rappellerai d'ailleurs que, quand le budget rectificatif de 1862 a été voté, le gouvernement a eu toute latitude pour faire combler les lacunes du budget primitif et pour faciliter la transition entre les deux époques. Cette nécessité a été invoquée à l'appui de la demande de 193 millions de crédits supplémentaires, dont 60 millions pour le ministère de la guerre et 75 millions pour le ministère de la marine, crédits accordés par la loi du 2 juillet 1862, principalement en vue des dépenses extraordinaires de l'expédition du Mexique. Rien ne s'opposait donc à ce que les choses se passassent en 1862 comme elles devront se passer en 1863. En matière de finances il serait moins possible qu'en toute autre de rester entre deux légalités, dont l'une n'existerait plus et dont l'autre n'existerait pas encore. Il faut, en pareil cas, se décider pour l'ancienne législation ou pour la nouvelle. M. le Ministre a reconnu, avec raison, que la nouvelle était seule applicable ; mais il se félicite de l'avoir appliquée, et je crois avoir prouvé que les exceptions ont été trop nombreuses pour que l'épreuve soit jugée aussi favorable qu'il le pense.

II

Dans ce qui précède la situation financière a été examinée, abstraction faite des chiffres, à l'unique point de vue des règles qui doivent présider à l'administration de la fortune publique. Voyons maintenant ce que nous apprennent les chiffres.

En octobre dernier (1), M. le Ministre des finances estimait à 54 millions la somme totale qui ferait défaut à l'équilibre du budget de 1862 ; puis, mettant en regard 70 millions de ressources diverses (ressources fort contestables comme on le verra plus

____
(1) Rapport du 6 octobre 1862.

loin), il ajoutait : « Cet heureux résultat est dû en partie à des
« ressources accidentelles, mais il provient surtout de l'excédant
« des revenus indirects, conséquence de la tranquillité et de la
« prospérité dont nous jouissons. L'année 1862 *n'ajoutera donc*
« *rien*, nous pouvons l'espérer, au chiffre des découverts anté-
« rieurs. » Ainsi, le 6 octobre, M. le Ministre des finances comp-
tait, pour le règlement définitif de l'exercice 1862, sur un excédant de 16 millions ; le 27 décembre il annonçait un déficit de
35 millions ; d'où résulte une différence de 51 millions dans des
calculs faits à deux mois de distance. C'est là une incertitude
regrettable, d'autant plus que les chiffres de décembre pourraient bien se trouver infirmés par les résultats, autant ou plus
que ne le sont en ce moment les chiffres d'octobre. Quelque peu
explicable que soit une telle différence dans des évaluations faites à si court intervalle, je voudrais pouvoir accepter le dernier
chiffre énoncé par M. le Ministre comme le chiffre réel et définitif du déficit de 1862 ; car, pour arrêter, sans illusions, le
chiffre d'un déficit, il ne faut pas mettre en balance de dépenses
inévitables, obligatoires ou se renouvelant d'une manière inva-
riable, des recettes incertaines ou éventuelles. C'est parce qu'on
a trop souvent employé ce procédé, depuis quelques années, que,
malgré le développement du revenu public, malgré les augmen-
tations d'impôts, malgré les consolidations en rentes, les découverts n'ont cessé de s'accroître. On peut bien se dissimuler
plus ou moins longtemps la vérité, par des expédients plus ou
moins heureux, mais l'heure où il faut compter arrive tôt ou
tard ; les illusions se dissipent et les mécomptes s'expient par
des impôts et par des emprunts.

Lorsque M. le Ministre des finances, si justement sévère pour
les erreurs passées, n'évalue le déficit de 1862 qu'à 35 millions,
il subit, à son insu, la loi commune qui change à nos yeux l'as-
pect des choses, selon qu'est changé le point de vue d'où nous

les envisageons. Il ne sera pas difficile de le prouver. Le budget primitif de 1862 s'élevait à 1,969 millions ; les crédits ajoutés législativement, montant à 200 millions, porteraient ce chiffre à 2 milliards 169 millions. Mais le budget avait été voté avec un excédant de 4 millions environ, de sorte que, tout compensé, et en supposant le déficit réduit aux 35 millions indiqués par M. le Ministre, le règlement définitif du budget de 1862 arriverait à 2 milliards 200 millions, dépassant de 231 millions les prévisions premières. Le vrai danger est là ; il est dans la différence toujours si grande entre les dépenses prévues et les dépenses faites. J'ai montré, il y a un an, que cette différence, qui n'avait été, en moyenne annuelle, que de 75 millions pour les dix-sept années comprises entre 1830 et 1848 (1), était de 327 millions pour chacune des neuf années écoulées de 1852 à 1861, et qu'en même temps la moyenne annuelle des budgets réglés s'était élevée de 1 milliard 287 millions dans la première période, à 1 milliard 974 millions dans la seconde. L'augmentation moyenne annuelle est donc de 687 millions, et en supposant même que le budget de 1862 pût se régler à 2 milliards 200 millions, il dépasserait de 226 millions la moyenne des budgets de la période impériale. Aussi, malgré la prospérité publique dont se félicite le rapport et malgré les impôts sans cesse croissants, la dette consolidée, qui était de 288 millions en 1848 (y compris la dotation et les rentes de la caisse d'amortissement), dépasse aujourd'hui 500 millions.

Pour atténuer le découvert que devait laisser le budget de 1862 il a fallu accumuler toutes les ressources éventuelles et extraordinaires auxquelles on a pu recourir. Ce sont : 25 millions de l'ancienne créance sur l'Espagne, 10 millions de l'in-

---

(1) Si je ne remonte pas jusqu'au gouvernement de la Restauration ce n'est pas que je ne rende toute justice à la direction qu'il donna aux finances de l'État ; c'est uniquement parce qu'on pourrait objecter que les comparaisons de chiffres perdent de leur exactitude lorsqu'elles s'appliquent à des époques trop éloignées.

demnité chinoise, 44 millions provenant de reliquats d'emprunts et de consolidations de la dotation de l'armée, etc. Est-ce que ce sont là des ressources sur le retour et sur la perpétuité desquelles il soit possible de compter? Vient ensuite une somme de 70 millions que le rapport du 6 octobre prétend trouver : 1° pour 35 millions dans le retard du paiement des arrérages de la rente ; 2° pour 35 millions encore dans les annulations ordinaires de crédit. Mais le premier moyen ne peut être considéré que comme un expédient, car une somme dont le paiement est différé de trois mois n'en est pas moins due, et, quant au second, je me permettrai de douter que le nouveau système de virements laisse un grand rôle à jouer aux annulations. Lorsque des allocations supplémentaires venaient faire face aux besoins imprévus, on comprend que les crédits législativement ouverts et restés sans emploi fussent annulés ; mais, avec le système actuel, annuler ces crédits ce serait tarir la source où les virements donnent le droit de puiser : il est peu probable que les ministres se privent volontiers de cette faculté. M. le Ministre des finances attend le surplus de ses ressources de la plus-value des taxes indirectes ; mais il ne peut oublier que cette plus-value est due, pour la majeure partie, à l'augmentation des impôts ; car, autant il est légitime d'espérer, de désirer même l'accroissement du revenu par le développement de la prospérité publique, autant il est à souhaiter que la progression des dépenses ne fasse pas peser des charges de plus en plus lourdes sur un pays qui, dans l'espace de deux ans, a vu successivement inscrire aux budgets des recettes l'augmentation des droits sur l'alcool, sur le sucre, sur le café, sur l'enregistrement et sur le timbre, élever le prix des tabacs et voter la nouvelle taxe sur les chevaux et les voitures. Ces réflexions, que tout le monde a dû faire, sont de nature à diminuer la satisfaction que M. le Ministre cherche à nous faire partager.

Une note mise au bas du tableau du produit des impôts indirects, tableau inséré au *Moniteur* du 15 janvier, constate que dans les 91 millions d'augmentation que présente l'exercice 1862 comparé à 1861, figurent pour 37 millions les aggravations de taxes résultant de la loi du 2 juillet 1862. Il s'en faut de beaucoup que les 54 millions restant représentent une plus-value normale, car pour être dans le vrai il est nécessaire de remonter un peu plus en arrière et de tenir compte des résultats de l'augmentation des droits sur les alcools, depuis 1861, et de celle sur le prix des tabacs, depuis le mois d'octobre 1860. Je veux mettre les preuves sous les yeux de mes lecteurs. Voici le tableau des produits de ces deux branches du revenu public depuis cinq ans :

ANNÉES.	BOISSONS.	TABACS.
1858	165 millions	177 millions
1859	174 —	178 —
1860	176 —	194 —
1861	195 —	215 —
1862	204 —	220 —

Le droit sur les alcools, réduit à 34 fr. par hectolitre en juillet 1830, a été relevé à 50 fr. en 1855, puis porté à 75 fr. en 1861. Dans l'exposé des motifs du budget de 1861, la plus-value attendue de la dernière augmentation était estimée à 24 millions ; cette plus-value a été de 28 millions, mais en deux ans seulement. Quant aux tabacs, l'élévation du prix sur les qualités destinées à la grande consommation date du 23 octobre 1860. L'exposé des motifs du budget de 1862 constatait que, « sur les 220 millions portés en prévision pour cet exercice, « 33 millions devaient être considérés comme le produit de « l'augmentation des prix. » Que deviennent, après de telles déclarations, les 91 millions dont on prétend maintenant faire honneur au développement de la prospérité publique ? Cet exemple prouve une fois de plus combien il faut apporter de soins à l'étude des statistiques financières lorsqu'on veut en tirer des conséquences justes.

Ces calculs, si simples et si rigoureusement vrais, justifient ma double assertion qu'il n'y a point tant à s'applaudir d'une progression du revenu due à de pareilles causes, et que la proportion entre le revenu réel et normal et les dépenses n'est pas toujours celle qu'indiquent les chiffres des budgets. En outre le découvert ne peut être regardé comme définitif puisque l'on ne connaîtra pas, de quelque temps encore, le total des sommes dépensées pour l'expédition du Mexique. On se tromperait d'ailleurs si l'on croyait que la restitution tardive aux chapitres du budget des sommes qui en ont été distraites par les virements, remettrait les choses dans l'état où elles devraient être.

Le grave inconvénient des virements, sans la garantie de la spécialité, c'est que les sommes inscrites au budget peuvent être détournées de leur destination première, de telle sorte que des dépenses jugées utiles, indispensables même, par le Corps Législatif, se trouvant ajournées faute de fonds, viendront grever un des exercices suivants. Pouvons-nous compter, par exemple, que toutes les sommes affectées aux travaux d'entretien et de construction aient reçu l'emploi auquel elles étaient destinées et qu'aucunes n'aient été appliquées aux dépenses de l'effectif ? Ce qui n'est pas douteux c'est que le matériel de la marine et celui de la guerre ont fourni, pour les besoins de la flotte et de l'armée du Mexique, plus qu'il ne leur a été rendu ; et, si on veut remettre notre marine militaire, nos vaisseaux convertis en transports, nos arsenaux et nos magasins, sur le même pied qu'auparavant, on n'y parviendra qu'au moyen de prélèvements extraordinaires sur les exercices futurs. C'est là ce qu'on pour-

rait appeler LA DETTE DIFFÉRÉE de la guerre et il n'est pas d'homme tant· soit peu au courant des affaires, qui ne sache jusqu'où
cette charge ajournée peut monter.

M. le Ministre des finances glisse assez rapidement sur la dette
flottante. En octobre il la fixait à 865 millions ; maintenant il
se borne à dire : « Le chiffre du nouveau découvert, DANS LES
« LIMITES OU IL EST AUJOURD'HUI CONNU, n'excède pas les ressour-
« ces que la dette flottante a pu fournir sans qu'il faille faire
« dépasser à cette dette les proportions qu'elle a plusieurs fois
« atteintes dans les dernières années. » Ces déclarations sont
bien vagues, puisque la dette flottante a récemment dépassé un
milliard. En outre, dans un document où la valeur des expres-
sions n'est certainement pas livrée au hasard, on remarquera
qu'il n'est question du découvert que « DANS LES LIMITES OU IL
« EST AUJOURD'HUI CONNU, » formule peu compromettante qui
laisse une large place à l'inconnu.

A la fin de 1860 l'ensemble des découverts officiellement
déclarés était de 848 millions. Les découverts nouveaux (158
millions en 1861, 35 millions en 1862, d'après les chiffres du
rapport), nous conduiraient à 1 milliard 41 millions si la conversion n'avait pas procuré au Trésor une somme de 158 millions, égale aux découverts de 1861. Mais, quoi qu'on pense de
cette opération dont les résultats sont loin de répondre à ce
qu'on en espérait, elle n'a été, au point de vue de la réduction
de la dette flottante, qu'un de ces moyens auxquels on ne recourt
pas deux fois. La rente est demeurée à peu près stationnaire ;
40 millions environ de rentes 4 1/2 0/0 sont encore à convertir.
En admettant, avec le rapport du mois d'octobre, que la moitié
environ de ces rentes soit frappée d'obstacles légaux, l'autre
moitié s'est refusée à la conversion. Mais une des plus fâcheuses
suites de la conversion est dans la quantité considérable de
rentes déclassées qu'elle a laissées sur le marché. Achetées, en

majeure partie, pour aider au succès de l'opération, par ceux
en qui le Trésor avait cherché des auxiliaires, ces rentes sont
restées, jusqu'à concurrence d'une somme considérable, entre
les mains de leurs détenteurs. A quel chiffre montent-elles ? Le
public l'ignore et ne peut asseoir ses calculs que sur des conjectures. 'Quelle que soit l'influence qu'on veuille attribuer au prix
élevé des reports et au taux de l'escompte sur le dernier état de
situation de la Banque de France, il n'est contesté par personne
que, des 107 millions formant au 8 janvier le montant des
avances sur dépôt d'effets publics français, la plus grosse part
ne s'applique aux rentes flottantes dont la place est surchargée.
Il est donc aisé de comprendre que le cours de la rente ne puisse
pas se relever. Et cependant que n'a-t-on pas fait pour cela ?
L'intérêt des bons du Trésor a été longtemps maintenu à un taux
insuffisant pour attirer les capitaux, dans l'espoir qu'ils se rejet-
teraient sur la rente (1). Cet espoir a été déçu et les placements
se sont faits en obligations de chemins de fer ou en valeurs
étrangères, comme l'avaient prévu les adversaires de la conversion. La nécessité de chercher ailleurs les ressources que ne
fournissait pas l'émission des bons a fait recourir à une foule
de procédés et d'expédients. On a réclamé diverses assistances ;
des comptes courants ont été ouverts à la plupart des institutions
de crédit et des grandes Compagnies de chemin de fer dont les
capitaux disponibles, versés au Trésor, constituent à la charge
de l'État une dette exigible à court délai ; les valeurs du porte-
feuille, traites de douanes, des coupes de bois, etc., ont été
portées à la Banque pour y être escomptées...

Tant que durera cette situation, tant que les dépenses toujours croissantes laisseront suspendue sur nos têtes la perspec-

---

(1) L'intérêt des bons du Trésor vient d'être porté à 3 1/2, 4 et 4 1/2 0/0, selon les
échéances, par une décision du 29 janvier, à la suite de l'élévation du taux de l'escompte
de la Banque de France.

tive d'un emprunt plus ou moins prochain, il ne faut pas attendre que les cours de la rente dépassent le niveau auquel ils semblent rivés.

Je n'ai jamais cherché à établir que qui que ce soit pût avoir l'intention de tromper le Corps Législatif et le pays sur la véritable situation des finances ; mais, avec beaucoup d'autres, j'ai accumulé les preuves de mécomptes dont la vérité a été tardivement démontrée et avouée. J'en apporte un dernier témoignage. Le 7 juin 1861, M. Magne, répondant à M. Gouin qui avait contesté l'équilibre promis au budget de 1861, disait au Corps Législatif : « Si vous voulez vous borner aux faits accomplis, aux « décrets rendus jusqu'ici, savez-vous à quel résultat vous « seriez arrivés pour les premiers mois de 1861 ? A un excédant « de recettes ne s'éloignant pas d'une vingtaine de millions. » M. Magne, faisant ensuite de prudentes réserves, ajoutait : « Personne, il est vrai, ne peut prévoir AU JUSTE ce qui arrivera « jusqu'au 31 août 1862, époque à laquelle les renseignements « définitifs sur l'exercice 1861 seront à peine parvenus à l'ad- « ministration. » Ce qui est arrivé, *au juste*, en ne prenant que les chiffres de M. Fould, c'est un déficit de 158 millions. La différence entre les évaluations de M. Magne il y a dix-huit mois, et les résultats constatés et déclarés aujourd'hui, serait de 178 millions. Ce que M. Gouin disait du budget de 1861 n'est autre chose que ce que j'ai dit de celui de 1862, que ce que je redoute de celui de 1863.

Le budget de 1863 a fait, de ma part, en mai 1862(1), l'objet d'un examen détaillé. Serait-il bien utile d'en parler en ce moment? Nous n'en savons guère que ce qu'on nous dit invariablement de tous les budgets à cette époque de l'année. Les perspectives sont des plus rassurantes aux yeux de M. le Ministre, quoi-

(1) Le budget de 1863.

qu'aux yeux de beaucoup d'autres apparaissent, au dedans comme au dehors, des horizons plus sombres et que *l'imprévu* semble destiné à jouer son rôle habituel. Le budget de 1863 a été voté avec un excédant de recettes de 8,300,000 fr.; le produit des nouveaux impôts, quelques ressources accessoires et la progression constante du revenu public font prévoir, suivant le rapport, un excédant définitif d'environ 110,000,000. Cette somme est jugée suffisante pour faire face à toutes les éventualités intérieures et extérieures. Même en admettant la possibilité de charges imprévues comme résultant de la guerre du Mexique, M. le Ministre déclare que, « DANS TOUS LES CAS, l'équilibre du « budget de 1863 ne sera pas troublé. » Espérons-le et disons-nous que cet espoir peut sembler modeste puisque le budget voté de 1863 dépasse de plus de 120,000,000 le budget voté de 1862, et qu'en demandant, en échange de l'abandon des crédits extra-budgétaires, de larges dotations pour tous les services, on a pris l'engagement formel « de mettre un terme aux allocations « supplémentaires. »

Je parlerai peu du budget de 1864. Il a été porté le 15 janvier au Corps Législatif; l'exposé des motifs a été publié dans *le Moniteur* du 19, et, à l'heure où j'écris, je n'ai pas encore eu sous les yeux les tableaux de développements. Le rapport du 27 décembre annonçait « que le budget de 1864 serait maintenu, « autant que possible, dans la limite des crédits accordés pour « 1863 ; » nous savons déjà que le budget ordinaire des dépenses est de 1,778 millions, dépassant ainsi de 49 millions le budget *présenté* pour 1863. Le budget des dépenses sur ressources spéciales est 222 millions, ce qui porte l'ensemble à 2 milliards, et, avec le budget extraordinaire, à 2 milliards 104 millions, au lieu de 2 milliards 91 millions qui formaient le total des budgets réunis, tels qu'ils ont été présentés pour 1863, au lieu de 1 milliard 965 millions en 1862. Il est à peine besoin de dire que l'amortissement demeure complétement suspendu : on n'en parle que pour faire affectation de la dotation et des réserves. Pas un mot ne rappelle la promesse, si souvent répétée, de remettre l'amortissement en vigueur dès que les circonstances permettraient de le faire.

Le budget extraordinaire de 1864 inspire à M. le Ministre des regrets qui seront partagés de tous. En effet, quoique le budget ordinaire doive céder au budget extraordinaire 20 millions provenant de la dotation de l'amortissement, ce budget restera de 17 millions plus faible que le budget extraordinaire de 1863 et ne s'élèvera pas au-dessus de 104 millions, dont les deux tiers (78 millions) sont pris sur la réserve et sur la dotation de l'amortissement. C'est peu pour les travaux publics d'un pays comme la France. Nous avons le droit de nous en affliger, de nous en plaindre ; mais nous n'avons pas le droit de nous en étonner, car telle est la conséquence inévitable d'une situation désormais bien connue. En l'absence de recettes extraordinaires suffisantes, un budget de deux milliards sagement ménagé devrait pourvoir largement aux besoins du budget extraordinaire, car le budget extraordinaire, c'est l'activité et le travail, c'est la dotation de l'industrie, de l'agriculture, c'est le véritable budget de la paix. Peut-on s'arrêter, sans un profond chagrin, sur la pensée de ce que serait la France si la moitié seulement des milliards que la guerre a coûtés avait profité à nos ports, à nos canaux, à nos fleuves, à nos routes, à nos chemins de fer ? Et, dans ces jours de crise industrielle et de chômage, quel magnifique budget d'assistance pour ceux qui manquent de travail !

On me dira, car on le répète invariablement chaque année dans les documents et dans les discours officiels, que les dépenses comme les recettes extra-budgétaires ont eu un caractère extraordinaire, que la guerre n'est pas un état normal et que bientôt viendront des temps meilleurs. Oui, cela est vrai, la guerre n'est pas la destinée des nations, et, après trente ans de paix, beaucoup d'esprits généreux s'étaient pris à espérer que le monde civilisé échapperait désormais à ce terrible fléau. C'était une utopie, je le veux bien ; cependant l'ébranlement de 1848 n'alluma pas la guerre ; la liberté, dont nous avions joui et dont nous gardâmes alors le bienfait, assura la paix de l'Europe en sauvant la France des excès qui suivent trop souvent les révolutions. Folles ambitions, rêveries chimériques, projets coupables, tout se dissipa, dans l'Assemblée constituante, sous la lumière de la discussion. La France, étonnée et presque rassurée, vit ceux que l'anarchie ou le despotisme auraient frappés d'ostracisme, en les traitant de vaincus et d'hommes des anciens partis, se faire écouter des vainqueurs et reconquérir rapidement cet ascendant salutaire qu'obtiennent toujours l'expérience et le talent sur des gens de bonne foi. Je pourrais citer des noms, mais ces noms sont dans toutes les mémoires. Des rangs des hommes nouveaux surgirent de puissants auxiliaires à la défense de la société et de la saine politique ; le drapeau de la République ne franchit la frontière que pour aller protéger le Saint-Siége ; grâce à la liberté, des républicains de la veille vécurent en rapports d'estime réciproque avec des adversaires loyaux, qui avaient la franchise de ne pas même se dire républicains du lendemain, mais qui, fidèles aux principes et aux engagements de toute leur vie, et sans qu'on prétendît leur imposer des professions de foi, respectaient, comme ils le font aujourd'hui, les lois de leur pays, et se soumettaient à ses volontés.

Au début d'une ère nouvelle, dont le nom rappelait le souvenir d'une grande gloire suivie de terribles revers, il fut aisé de prévoir que la France ne tarderait pas à entendre le bruit des armes. La guerre de Crimée et, bientôt après, celle d'Italie ont inscrit dans nos annales des victoires chèrement payées de notre sang et de notre or, mais dont l'éclat fit oublier le prix. Toutefois, lorsqu'à ces deux guerres eurent succédé les expéditions de Chine et de Cochinchine, le désir du repos commença à se faire sentir et bien des gens pensèrent que l'activité du pays pourrait puiser un aliment salutaire dans la discussion et le maniement de ses intérêts, au lieu de se détourner toujours vers de lointains objets. On commença à se dire que la paix rendrait à l'agriculture les bras qui lui manquent et permettrait de diminuer les impôts au lieu de les augmenter ; que nous avons beaucoup à faire et beaucoup à conquérir chez nous avant de nous donner pour mission de porter au loin les bienfaits de la civilisation et de la liberté. Aussi c'est avec quelque tristesse que le pays a vu entreprendre l'expédition du Mexique, dont il n'a pas assez compris les causes et le but. Plus d'une année s'est écoulée sans qu'il les comprît davantage, sans que rien fût fait pour le tirer d'incertitude. L'exposé de la situation de l'Empire est, sur ce point, d'un remarquable laconisme. Ce n'est pas assez que de s'en référer à ce qui a été dit au Corps Législatif, dans sa dernière session, par les organes du gouvernement. Depuis cette époque il s'est passé de graves événements et le gouvernement a dû apprendre beaucoup de choses. Le langage tenu au Mexique même et adressé aux Mexicains, n'a pas expliqué plus clairement quel pourrait être le dénouement politique après le triomphe définitif de nos armes. Les instructions données au général Forey et publiées dans les documents officiels inspireront des doutes sur l'étendue et sur la durée de la tâche qui suivra pour nous la victoire, sur les complications que de si vastes desseins peuvent faire naître.

Je veux borner là mes réflexions à cet égard, mais ce ne sera pas sans avoir ajouté que je n'entends nullement faire porter mes critiques sur la direction et sur la conduite des opérations militaires. D'ailleurs, là où l'honneur du drapeau est engagé il n'y a plus de place que pour un seul sentiment, le vif désir du succès. Faisons donc des vœux ardents pour les soldats héroïques dont on ne sait si l'on doit admirer plus le courage ou la constance. Faisons des vœux pour qu'un prompt et glorieux dénouement les arrache à ces rivages lointains, pour que nous voyions clore la série des expéditions d'outre-mer et pour que l'état troublé de l'Europe ne nous entraîne pas dans de nouvelles aventures. Toutefois, qu'on n'en doute pas, ceux qu'on aurait habitués à voir dans un gouvernement le régulateur suprême de toutes choses, le dispensateur unique de tous biens, pourraient seuls se croire en droit de lui attribuer la responsabilité de tous maux. Les gens sensés savent qu'il est des événements que l'homme n'a ni le don de prévoir ni la possibilité de prévenir ; moins exigeants qu'on ne se plaît à le dire, ils se contenteraient à meilleur marché qu'on n'affecte de le croire. S'ils plaident la cause de la liberté ce n'est pas pour ébranler l'édifice social déjà trop miné par tant de révolutions, c'est pour l'affermir ; ce n'est point pour armer les partis, c'est pour les désarmer... Mais je m'arrête, car je me suis imposé la loi de ne toucher à la politique qu'autant qu'il est inévitable de le faire lorsqu'il est question de finances. Loin que je sois, pour ma part, de ces esprits chagrins qui voient le mal partout et sont décidés d'avance à tout blâmer, je vais m'exposer au reproche d'être trop facile en mes espérances. Je déclare donc qu'à mes yeux le découragement ne doit pas s'emparer de ceux qu'afflige l'insuccès de la tentative de réforme financière, et que cet échec alarmerait pour le perfectionnement futur promis aux institutions impériales. Le terrain perdu peut être du terrain gagné. Le ministre qui a tracé le célèbre Mémoire de novembre 1861 et qui a eu le crédit nécessaire pour en obtenir la publication, reconnaîtra plus aisément qu'il s'est trompé sur le remède qu'il ne se dissimulera la persistance du mal si résolûment signalé par lui-même.

Le rapport du 27 décembre dernier se termine par quelques lignes que je veux enregistrer : « Il était indispensable de se « conformer à la règle salutaire établie par le senatus-consulte « du 24 décembre qui prescrit de mesurer les allocations sur « les ressources réellement disponibles. En nous imposant à « tous le respect de cette règle Votre Majesté assure le bon « ordre des finances et la stabilité du crédit et elle met un « terme à l'accroissement des découverts. »

Lorsqu'à des confessions semblables à celles que la situation des finances a déterminées en 1861 et qui, pour n'être pas explicitement renouvelées aujourd'hui, ne seraient pas moins opportunes, lorsqu'à des confessions semblables succèdent des engagements réitérés en termes si formels, le doute n'est plus permis, quelque longue que paraisse l'attente ; car le doute doit s'arrêter là où il pourrait ressembler à la négation de la sincérité.

Nous tous, dont la voix, surveillée et contenue, n'a cessé de s'élever autant qu'elle l'a pu, nous tous qu'inspire l'intérêt seul de notre pays et que ne décourage pas l'injustice, continuons nos avertissements, secondons tous les efforts, soutenons toutes les bonnes intentions, même lorsque le succès leur fait défaut. Cette fois encore, après avoir exercé notre droit d'examen et de critique, prenons acte des nouvelles promesses, promesses auxquelles nous applaudirions sans réserve si nous les entendions pour la première fois ou si elles trouvaient dans le passé la sanction qu'elles attendent encore de l'avenir.

FIN.